MANUAL DE ORTOGR...

Aprendo Cuando Escribo

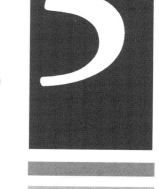

Aprendiendo sobre
Dios Padre

Diseño de libro y portada:
Lic. César Alberto María Cepeda

A los padres y maestros

El Manual de Ortografía Aprendo Cuando Escribo 5to. grado, está diseñado para ayudar a crear bases para una buena ortografía y calidad en la escritura.

Este manual consta de listas de palabras debidamente seleccionadas para el fortalecimiento de la asignatura de Español 5to. grado, además le permite al niño trabajar en el mismo a través de asignaciones para realizar en el aula o para la casa. Las listas, al igual que los versos bíblicos, pueden trabajarse de forma semanal y luego evaluar el aprendizaje de las mismas.

Aprendo Cuando Escribo 5to. grado tiene actividades adecuadas que trabajan áreas de memorización, percepción visual, discriminación, asociación, así como entretenimientos que buscan afianzar conceptos gramaticales.

Al igual que los demás manuales de la serie Aprendo Cuando Escribo, este manual tiene una visión centrada en Cristo. El fundamento bíblico enfocado en éste, es la persona de Dios Padre.

Es nuestro deseo que este material sea de bendición.

Editora DIDASKO

ÍNDICE

LISTA 1

Las mayúsculas

Se escriben con letra mayúscula los nombres propios de personas, animales, instituciones, océanos, mares, puestos o cargos, entre otros nombres.

1. Jehová
2. Iglesia Bautista
3. Océano Atlántico
4. Abraham
5. Cordillera Central
6. Isaac
7. Rocinante
8. Cruz Roja
9. Jacob
10. Islas Canarias
11. Monte Everest
12. Centro América
13. Pico Duarte
14. Iglesia Oasis
15. Océano Pacífico
16. Mar Caribe
17. Jefe de Estado
18. Defensa Civil
19. Juan el Bautista
20. Río Amazonas

Y aparecí a Abraham, a Isaac y a Jacob como Dios Omnipotente, mas en mi nombre Jehová no me di a conocer a ellos. Éxodo 6:3.

1. Lee y escribe las palabras de la lista 1.

2. Escribe de la lista 1 dos nombres de:

a) iglesias:
_____

b) océanos:
_____

c) montañas:
_____

d) instituciones benéficas:
_____

e) nombres de personas:
_____

3. Con la ayuda de la lista 1, responde las siguientes preguntas.

a) ¿Cuál es uno de los nombres de Dios?
_____

b) ¿Qué otro nombre se le da al Presidente?
_____

c) ¿Qué mar limita con nuestro país?
_____

d) ¿Cuál es el río más grande del mundo?
_____

4. Aparea las palabras de la izquierda con una de las definiciones de la derecha.

Caribe	Patriarca de la Biblia.
Atlántico	Denominación de iglesias cristianas.
Canarias	Pico más alto de nuestro país.
Duarte	Montaña más alta del mundo.
Éverest	Mar que limita nuestro país.
Bautista	Uno de los tres grandes océanos.
Abraham	Conjunto de islas.

5. Investiga. ¿Cuáles son las funciones de la Defensa Civil y de la Cruz Roja?.

_____

_____

_____

_____

Los nombres en la Biblia denotan la naturaleza de la persona. El nombre de Jehová, significa Yo Soy.

LISTA 2

El uso de la "b"

Se escriben con "b" las palabras que inician con los sonidos "bl", "bu", "bus", "bi", "bis", "biz".

1. Biblia
2. biblioteca
3. bibliografía
4. bufón
5. bicho
6. bulla
7. búnker
8. burócrata
9. burgo
10. búsqueda
11. bibliotecario
12. bíblico
13. bisabuelo
14. bisnieta
15. bizcocho
16. bisílaba
17. buscan
18. burlador
19. bienestar
20. bienhechor

"Gócense y alégrense en ti todos los que te buscan, y digan siempre los que aman tu salvación: Engrandecido sea Dios." Salmo 70:4.

05

1. Lee y escribe las palabras de la lista 2.

2. Busca en el diccionario el significado de las palabras siguientes.

a) bibliografía:_____

b) búnker:_____

c) burócrata:_____

d) burgo:_____

e) bienhechor:_____

3. Escribe de la lista 2, dos palabras que empiecen con **bi, bibl, bu, bur.**

bi
_____

bibl
_____

bu
_____

bur
_____

4. Escribe oraciones con las palabras **burgo, bunker, bibliografía, burócrata, bienhechor.**

a) _____

b) _____

c) _____

d) _____

e) _____

5. Investiga.   ¿Qué significa cuando decimos que una palabra posee de doble ortografía?, ¿cuál ejemplo encontramos en la lista 2?.

_____

_____

_____

_____

_____

¡Engrandecido sea Dios!

LISTA 3

El uso de la "b"

Algunas palabras se escriben con "b" al término de una sílaba o al final de palabras; obsérvalas y apréndelas.

1. objeto
2. observar
3. obtuvo
4. abstracto
5. absolver
6. obtuso
7. súbdito
8. obsequio
9. submarino
10. Jacob
11. subterráneo
12. club
13. absorber
14. Job
15. abdomen
16. abnegar
17. Acab
18. subdividir
19. substancia
20. observatorio

"Y oyó Dios el gemido de ellos, y se acordó de su pacto con Abraham, Isaac y Jacob." Éxodo 2:24.

1. Lee y escribe las palabras de la lista 3.

2. Busca en el diccionario el significado de las palabras siguientes.

a) absolver:_____

b) absorber:_____

c) subterráneo:_____

d) abnegar:_____

e) subdividir:_____

f) observatorio:_____

3. Escribe oraciones con las palabras **observatorio, absolver, absorber, subterráneo, abnegar.**

a)_____

b)_____

c)_____

d)_____

e)_____

4. Al lado de cada palabra, escribe otra palabra que empiece con las mismas letras.

a) obtuvo _____

b) abstracto _____

c) subterráneo _____

d) Acab _____

5. Estas son palabras de doble ortografía, obsérvalas y escribe al lado de qué otra manera se pueden escribir.

a) substancia: _____

b) subscribir: _____

c) obscuro: _____

d) substituir: _____

e) substracción: _____

f) substituto: _____

Dios escucha nuestras oraciones y nos responde en el tiempo adecuado.

Palabras con doble "c"

Algunas palabras se escriben con doble "c". Otras palabras que tienen "cc" se derivan de verbos que no tienen "c". Ej. Corregir - Corrección.

1. acceder
2. accesorio
3. corrección
4. inducción
5. intersección
6. acciones
7. inyecciones
8. construcción
9. deducción
10. lección
11. diccionario
12. infección
13. interjección
14. perfección
15. aflicción
16. protección
17. colección
18. resurrección
19. confección
20. restricción

"Cesen las palabras arrogantes de vuestra boca, porque el Dios de todo saber es Jehová, y a él toca el pesar las acciones." 1 Samuel 2:3b.

1. Lee y escribe las palabras de la lista 4.

2. Busca en el diccionario el significado de las palabras siguientes.

a) acceder:_____

b) inducción:_____

c) intersección:_____

d) inyección:_____

e) deducción:_____

f) interjección:_____

g) restricción:_____

3. Escribe oraciones con las palabras **intersección, acceder, inyección, interjección, restricción.**

a)_____

b)_____

c)_____

d)_____

e)_____

4. Escribe en el espacio en blanco de la izquierda, la letra que corresponde de la derecha.

_____ construir	a) restricción
_____ afligir	b) protección
_____ proteger	c) construcción
_____ restringir	d) infección
_____ infectar	e) aflicción
_____ elegir	f) elección

5. Ordena las sílabas y escribe las palabras.

a) su-re-ción-rrec: _____

b) tec-pro-ción: _____

c) duc-ción-de: _____

d) ción-in-yec: _____

e) ción-rrec-co: _____

f) rio-na-cio-dic: _____

g) ción-tric-res _____

13

Palabras con "ct"

Otras palabras se escriben con "ct", muchas de ellas guardan relación con las palabras que tienen doble "c", léelas y apréndelas.

1. perfecto
2. acto
3. constructor
4. lector
5. lectura
6. infecto
7. protector
8. colector
9. productor
10. director
11. actitudes
12. pacto
13. recto
14. rectitud
15. afecto
16. práctica
17. secta
18. víctima
19. victoria
20. instructor

"En cuanto a Dios, perfecto es su camino, y acrisolada la palabra de Jehová. Escudo es a todos los que en él esperan." 2 Samuel 22:31

1. Lee y escribe las palabras de la lista 5.

2. Busca en el diccionario el significado de las palabras siguientes.

a) colector:_____

b) pacto:_____

c) rectitud:_____

d) secta:_____

e) víctima:_____

f) instructor:_____

g) perfecto:_____

3. Escribe oraciones con las palabras **colector, secta, rectitud, pacto, víctima.**

a)_____

b)_____

c)_____

d)_____

e)_____

4. Observa la lista 4, luego escribe en el espacio en blanco las palabras que consideres adecuadas.

Ej. perfecto <u>perfección</u>

a) constructor _____

b) inyectar _____

c) protector _____

d) colector _____

e) corrector _____

f) infectar _____

g) instructor _____

5. Investiga. ¿Qué significa instrucción? En la Bilia se encuentran 6 versículos que hablan de la instrucción, 3 de ellos están en el libro de proverbios. ¿Cuáles son esos versículos? ¿Qué nos enseñan?.

_____

_____

_____

_____

_____

Dios es perfecto, sus caminos son perfectos, no hay errores en Él.

Palabras con doble "l"

Se escriben con "ll" inicial los sonidos de "lla", "lle", "lli", "llo", "llu". También se escriben con "ll" las palabras terminadas en "elle", "ello".

1. llaga
2. muelle
3. llano
4. cabello
5. llama
6. llave
7. llanto
8. camello
9. llamativo
10. llorar
11. llegar
12. sello
13. llovizna
14. llenar
15. llover
16. llanura
17. calle
18. llevadero
19. llamamiento
20. lluvia

"Buscad a Jehová mientras pueda ser hallado, llamadle en tanto está cercano."
Isaías 55:6.

1. Lee y escribe las palabras de la lista 6.

2. Busca en el diccionario el significado de las palabras siguientes.

a) muelle:_____

b) llanura:_____

c) llamamiento:_____

d) sello:_____

e) llevadero:_____

f) llaga:_____

g) llovizna:_____

3. Escribe oraciones con las palabras **muelle, llaga, llovizna, llamamiento, llevadero.**

a)_____

b)_____

c)_____

d)_____

e)_____

4. Ordena las sílabas y escribe las palabras.

a) mien-lla-to-ma: _____

b) ra-lla-nu: _____

c) llo-me-ca: _____

d) llo-ca-be: _____

e) viz-na-llo: _____

f) ma-vo-lla-ti: _____

g) lle-mue: _____

5. Aparea las palabras de la izquierda con un adjetivo de la derecha.

cabellos   ancha

llama   grande

llovizna   fría

llanura   ardiente

calle   negros

Cuando buscamos a Dios de todo corazón, le hallamos.

LISTA 7

Palabras con doble "l"

Se escriben con "ll" las palabras que terminan con los sonidos "illa", "illo".

1. anillo
2. ardilla
3. amarillo
4. vainilla
5. cepillo
6. hebilla
7. lazarillo
8. cuchillo
9. bolsillo
10. escotilla
11. zapatilla
12. grillo
13. carretilla
14. lebrillo
15. chiquillo
16. trilla
17. sombrilla
18. pestillo
19. astilla
20. palillo

"Pueblo mío, trillado como el trigo, yo te he anunciado lo que he oído de parte del Señor Todopoderoso, del Dios de Israel." Isaías 21:10. NVI.

20

1. Lee y escribe las palabras de la lista 7.

2. Busca en el diccionario el significado de las palabras siguientes.

a) hebilla:_____

b) lazarillo:_____

c) escotilla:_____

d) grillo:_____

e) lebrillo:_____

f) pestillo:_____

g) astilla:_____

3. Escribe oraciones con las palabras **hebilla, grillo, lazarillo, escotilla, lebrillo, astilla.**

a)_____

b)_____

c)_____

d)_____

e)_____

f)_____

4. Escribe cinco palabras terminadas en **illa** y cinco que terminen en **illo.**

illo	**illa**
_____	_____
_____	_____
_____	_____
_____	_____
_____	_____

5. Investiga. En la parábola del Hijo Pródigo, Jesús nos dice que cuando el joven volvió al hogar, su padre le mandó a poner un anillo. ¿Qué significado tiene el anillo en esta historia?. (Puedes pedirle ayuda a tus padres).

_____

_____

_____

_____

_____

Dios todo lo puede, para Él nada es imposible.

22

Palabras agudas

Recuerda que las palabras agudas son las que se acentúan en la última sílaba y que llevan tilde cuando terminan en "n", "s", o vocal.

1. veintitrés
2. interés
3. Bernabé
4. llamé
5. olvidé
6. concepción
7. capaz
8. profesión
9. Manasés
10. antigüedad
11. amor
12. piedad
13. mover
14. doblez
15. Leví
16. pagar
17. libertad
18. mostrar
19. Abner
20. Salomón

Con amor eterno te he amado, por tanto
te prolongué mi misericordia."
Jeremías 31:3.

1. Lee y escribe las palabras de la lista 8.

2. Busca en el diccionario el significado de las palabras siguientes.

a) concepción:_____

b) capaz:_____

c) antigüedad:_____

d) piedad:_____

e) doblez:_____

f) libertad:_____

g) interés:_____

3. Escribe oraciones con las palabras **capaz, piedad, doblez, angigüedad, concepción.**

a)_____

b)_____

c)_____

d)_____

e)_____

4. De la lista 8 escribe cinco palabras que tengan tilde y cinco que no la tengan.

Con tilde.	Sin tilde.
_____	_____
_____	_____
_____	_____
_____	_____
_____	_____

5. Marca la tilde a las palabras agudas que la lleven.

a) interes

b) concepcion

c) amor

d) Levi

e) pagar

f) Abner

g) Salomon

h) olvide

i) ventitres

j) Bernabe

k) antigüedad

l) doblez

Dios es amor. Su amor es eterno, como Él es eterno.

LISTA 9

Palabras graves

Las palabras graves o llanas son las que se acentúan en la penúltima sílaba. Estas palabras llevan tilde cuando terminan en consonantes distintas a "n" o "s".

1. fácil
2. difícil
3. Hernández
4. apóstol
5. derecha
6. López
7. diestro
8. ligero
9. izquierda
10. lento
11. pascua
12. misericordia
13. estéril
14. maravilla
15. estándar
16. zurdo
17. carácter
18. pesado
19. cáliz
20. oyente

"Conoce, pues, que Jehová tu Dios es Dios, Dios fiel, que guarda el pacto y la misericordia a los que le aman..." Deuteronomio 7.9 (a)

1. Lee y escribe las palabras de la lista 9.

2. Busca en el diccionario el significado de las palabras siguientes.

a) diestro:_____

b) estéril:_____

c) estándar:_____

d) carácter:_____

e) cáliz:_____

f) pascua:_____

g) misericordia:_____

3. Escribe oraciones con las palabras **diestro, pascua, estéril, cáliz, misericorida.**

a)_____

b)_____

c)_____

d)_____

e)_____

4. Escribe de la lista 9, cinco palabras con tilde y cinco palabras sin tilde.

<table>
<tr><th>Con tilde.</th><th>Sin tilde.</th></tr>
<tr><td>_____</td><td>_____</td></tr>
<tr><td>_____</td><td>_____</td></tr>
<tr><td>_____</td><td>_____</td></tr>
<tr><td>_____</td><td>_____</td></tr>
<tr><td>_____</td><td>_____</td></tr>
</table>

5. Coloca la tilde a las palabras graves que la llevan.

a) facil
b) dificil
c) zurdo
d) maravilla
e) caracter
f) pesado
g) caliz
h) oyente
i) estandar
j) lento
k) apostol
l) Lopez
m) diestro
n) esteril

Dios es fiel y sus promesas verdaderas. Podemos descansar en él.

LISTA 10

Palabras esdrújulas

Las palabras esdrújulas se acentúan en la antepenúltima sílaba y siempre llevan tilde.

1. lástima
2. minúscula
3. mayúscula
4. paronímicos
5. párvulos
6. bóveda
7. kilómetro
8. púrpura
9. mérito
10. bárbaro
11. ácido
12. cúspide
13. música
14. víspera
15. víbora
16. Tesalónica
17. sátira
18. ágape
19. espíritu
20. partícipe

Dios es espíritu; y los que le adoran, en espíritu y en verdad, es necesario que le adoren." Juan 4:24.

29

1. Lee y escribe las palabras de la lista 10.

2. Busca en el diccionario el significado de las palabras siguientes.

a) párvulos:_____

b) paronímicos:_____

c) mérito:_____

d) cúspide:_____

e) víspera:_____

f) sátira:_____

g) lástima:_____

3. Escribe oraciones con las palabras **mérito, sátira, párvulos, cúspide, víspera.**

a)_____

b)_____

c)_____

d)_____

e)_____

4. Ordena las sílabas y escribe las palabras correctas.

a) ra-pe-vís: _____

b) ni-te-sa-ca-ló: _____

c) tro-ló-ki-me: _____

d) los-pár-vu: _____

e) ra-bo-ví: _____

f) de-cús-pi: _____

5. Investiga. ¿Qué significa la palabra **ágape**? ¿De dónde viene su orígen? ¿En qué parte de la Biblia aparece?.

_____

_____

_____

_____

_____

Como Dios es Espíritu no tiene las limitaciones que tenemos nosotros en el cuerpo como el hambre, sed, sueño o cansancio.

Los diptongos

La unión de dos vocales, una abierta y una cerrada, en una misma sílaba se llama diptongo, a continuación una lista de palabras con diptongo.

1. cielo
2. lluvia
3. violín
4. bueno
5. cuervo
6. cuatro
7. aire
8. nuestro
9. auto
10. memoria
11. aplaudir
12. fauna
13. auxiliar
14. fiesta
15. ganancia
16. fiero
17. hacienda
18. fiel
19. muestra
20. fiebre

"Estos confían en carros y aquellos en caballos; mas nosotros del nombre de Jehová nuestro Dios tendremos memoria." Salmo 20:7.

1. Lee y escribe las palabras de la lista 11.

2. Con un lápiz de color azul encierra en un círculo los diptongos que están en las siguientes palabras.

a) violín

b) hacienda

c) aire

d) fiero

e) lluvia

f) fauna

g) bueno

h) nuestro

i) fiebre

j) memoria

k) cuervo

l) ganancia

m) auxiliar

n) fiel

3. Escribe oraciones con las palabras **fauna, auxiliar, aplaudir, auto, cuervo.**

a)_____

b)_____

c)_____

d)_____

e)_____

4. Escribe debajo de cada artículo, cinco palabras de la lista 11 que tengan concordancia de género y número.

El   **La**

_____   _____

_____   _____

_____   _____

_____   _____

_____   _____

5. Ordena alfabéticamente las palabras siguientes.

a) violín
b) fiebre
c) ganancia
d) aire
e) memoria
f) nuestro
g) hacienda
h) cuervo
i) bueno
j) lluvia

Nuestro Dios está sobre todo, no debemos temer a nada.

34

El hiato

Las palabras que tienen dos vocales juntas en distintas sílabas les llamamos hiato.

1. Raúl
2. María
3. caoba
4. marea
5. saeta
6. parqueo
7. caída
8. caer
9. Uzías
10. caótico
11. Andrea
12. saduceos
13. caos
14. señorío
15. poeta
16. sequía
17. vacío
18. Simeón
19. proezas
20. poema

"Señor Jehová, tú has comenzado a mostrar a tu siervo grandeza, y tu mano poderosa; porque ¿qué dios hay en el cielo ni en la tierra que haga obras y proezas como las tuyas?" Deuteronomio 3:24.

1. Lee y escribe las palabras de la lista 12.

2. Busca en el diccionario el significado de las palabras siguientes.

a) caos:_____

b) saeta:_____

c) proezas:_____

d) caótico:_____

e) señorío:_____

3. Escribe oraciones con las palabras **saeta, caótico, caos, Andrea, proezas.**

a)_____

b)_____

c)_____

d)_____

e)_____

36

4. Separa en sílabas las siguientes palabras.

a) marea: _____

b) parqueo: _____

c) Andrea: _____

d) vacío: _____

e) saeta: _____

f) caótico: _____

g) sequía: _____

h) poeta: _____

5. Investiga en un diccionario bíblico, quienes fueron los **saduceos**, menciona dos citas bíblicas donde se refiere a ellos.

_____

_____

_____

_____

_____

Dios es grande, sus pensamientos son más altos que nuestros pensamientos y sus caminos que nuestros caminos.

Palabras con "z"

Se escriben con "z" las palabras cuyos sonidos terminan en "anza", "eza".

1. esperanza
2. cabeza
3. belleza
4. tardanza
5. firmeza
6. destreza
7. ordenanza
8. pureza
9. Constanza
10. templanza
11. venganza
12. alabanza
13. mudanza
14. delicadeza
15. semejanza
16. riqueza
17. confianza
18. dureza
19. enseñanza
20. torpeza

"Toda buena dádiva y todo don perfecto desciende de lo alto, del Padre de las luces, en el cual no hay mudanza ni sombra de variación." Santiago 1:17.

1. Lee y escribe las palabras de la lista 13.

2. Busca en el diccionario el significado de las palabras siguientes.

a) firmeza:_____

b) destreza:_____

c) ordenanza:_____

d) pureza:_____

e) delicadeza:_____

f) templanza:_____

g) torpeza:_____

3. Escribe oraciones con las palabras **firmeza, pureza, destreza, ordenanza, templanza.**

a)_____

b)_____

c)_____

d)_____

e)_____

4. Coloca en el espacio en blanco de la izquierda, la letra que corresponda de la derecha.

_____ enseñanza

_____ esperanza

_____ firmeza

_____ alabanza

_____ pureza

_____ delicadeza

_____ confianza

a) puro

b) confiar

c) enseñar

d) firme

e) esperar

f) alabar

g) delicado

5. Escribe de la lista 13, cinco palabras que terminadas en **anza**, y cinco en **eza.**

_____

_____

_____

_____

_____

Dios es inmutable, significa que Él no cambia, es el mismo ayer, hoy y siempre.

LISTA 14

Palabras con "z"

Se escriben con "z" las palabras terminadas en "iza", "izo", "ez".

1. antojadizo
2. escandaliza
3. mestizo
4. bautiza
5. hizo
6. niñez
7. postizo
8. cobrizo
9. nodriza
10. sencillez
11. doblez
12. enfermizo
13. ajedrez
14. advenedizo
15. granizo
16. embriaguez
17. madurez
18. esclaviza
19. altivez
20. desliza

"El Dios que hizo el mundo y todas las cosas que en él hay, siendo Señor del cielo y de la tierra, no habita en templos hechos por manos humanas."
Hechos 17:24.

1. Lee y escribe las palabras de la lista 14.

2. Busca en el diccionario el significado de las palabras siguientes.

a) antojadizo:_____

b) mestizo:_____

c) cobrizo:_____

d) nodriza:_____

e) advenedizo:_____

f) doblez:_____

g) altivez:_____

3. Escribe oraciones con las palabras **mestizo, doblez, antojadizo, nodriza, altivez.**

a)_____

b)_____

c)_____

d)_____

e)_____

4. Ordena las sílabas y escribe la palabra correcta.

a) drez-a-je: _____

b) guez-bria-em: _____

c) ne-zo-di-ad-ve: _____

d) za-ti-bau: _____

e) za-da-es-li-can: _____

f) llez-ci-sen: _____

g) mi-en-zo-fer: _____

5. Investiga. Escribe un párrafo sobre la **altivez**. ¿Qué significa? ¿Le agrada a Dios? Da una cita bíblica como ejemplo.

_____

_____

_____

_____

_____

_____

No podemos entrar a Dios en un lugar como si fuera un objeto, Dios es Señor del cielo y de la tierra.

Palabras con "h"

Se escriben con "h" inicial las palabras que empiezan con los diptongos "ia", "ie", "ua", "ue", "ui".

1. hialino
2. hiena
3. hiato
4. hierro
5. hiedra
6. hierba
7. huemul
8. huida
9. huera
10. hielo
11. hueca
12. huerto
13. huacal
14. hueste
15. huella
16. huésped
17. Huáscar
18. huérfano
19. hueso
20. hiel

"Jehová te pastoreará siempre, y en las sequías saciará tu alma, y dará vigor a tus huesos; y serás como huerto de riego y como manantial de aguas, cuyas aguas nunca faltan." Isaías 58:11

1. Lee y escribe las palabras de la lista 15.

2. Busca en el diccionario el significado de las palabras siguientes.

a) hialino:_____

b) hiedra:_____

c) huemul:_____

d) huera:_____

e) hueca:_____

f) hueste:_____

g) huésped:_____

3. Escribe oraciones con las palabras **hiedra, hueca, hueste, huacal, huérfano.**

a)_____

b)_____

c)_____

d)_____

e)_____

ACTIVIDADES

4. Escribe de la lista dos palabras que empiecen con **hia, hie, hue, hui.**

hia

_____, _____

hie

_____, _____

hue

_____, _____

hui

_____, _____

5. Investiga. ¿Dónde vive el **huemul**?. ¿Cuál es su hábitat y estado de conservación?.

_____

_____

_____

_____

_____

El Señor es el buen Pastor; Dios provee para nuestras vidas lo que necesitamos.

46

LISTA 16

Palabras con "h"

Se escriben con "h" las palabras que empiezan con los sonidos "hecto", "hecta", "hemi", "hidro", "hidra", "hipo".

1. hidratación
2. hectárea
3. hipócrita
4. hectogramo
5. hectolitro
6. hipermercado
7. hipo
8. hipoteca
9. hectómetro
10. hidroeléctrica
11. hemisferio
12. hipérbole
13. hemicránea
14. hidrógeno
15. hipodermis
16. hipocresía
17. hipertensión
18. hemiciclo
19. hidráulico
20. hipopótamo

"Aborrezco a los hombres hipócritas; mas amo tu ley. Mi escondedero y mi escudo eres tú; en tu palabra he esperado. Salmo 119:113-114.

1. Lee y escribe las palabras de la lista 16.

2. Busca en el diccionario el significado de las palabras siguientes.

a) hectárea:_____

b) hipocresía:_____

c) hidráulico:_____

d) hipoteca:_____

e) hemisferio:_____

f) hipérbole:_____

g) hemicránea:_____

3. Escribe oraciones con las palabras **hipermercado, hemisferio, hidráulico, hectárea, hipocresía.**

a)_____

b)_____

c)_____

d)_____

e)_____

4. Escribe de la lista 16 dos palabras que empiecen con **hiper, hipo, hidro, hecto, hemi.**

hiper

_____ , _____

hipo

_____ , _____

hidro

_____ , _____

hecto

_____ , _____

hemi

_____ , _____

5. Hecto significa cien, así hectovatio significa cien vatios. Escribe que significan las palabras siguientes.

a) hectómetro: _____

b) hectolitro: _____

c) hectogramo: _____

d) hectárea: _____

"Dios es nuestro escondedero en tiempo
de dificultad, en él estamos
completamente seguros."

LISTA 17

Palabras con "v"

Se escriben con "v" inicial las palabras seguidas de los diptongos "ia", "ie", "io", "iu", "ue".

1. viaje
2. vientos
3. violeta
4. vuelta
5. viejo
6. viable
7. vientre
8. vuestro
9. viaducto
10. vuelo
11. violín
12. vuelco
13. Viena
14. violinista
15. vianda
16. violento
17. vienés
18. viuda
19. vietnamita
20. viola

"Haces de los vientos tus mensajeros y de las llamas de fuego tus servidores."

Salmo 104:4 NVI.

50

1. Lee y escribe las palabras de la lista 17.

2. Busca en el diccionario el significado de las palabras siguientes.

a) viable:_____

b) viaducto:_____

c) violinista:_____

d) vuelco:_____

e) vienés:_____

f) vianda:_____

g) vietnamita:_____

3. Escribe oraciones con las palabras **viable, vienés, violinista, vianda, vietnamita.**

a)_____

b)_____

c)_____

d)_____

e)_____

4. Descubre las palabras y enciérralas en un círculo.

V	I	O	L	E	T	A	E	V	V
I	R	R	O	U	A	Ñ	A	U	U
E	V	I	E	N	E	S	A	E	E
N	I	V	I	A	N	D	A	L	S
T	U	I	J	R	B	K	S	O	T
O	D	A	U	G	E	R	W	O	R
S	A	V	U	E	L	C	O	A	O
A	J	E	N	O	O	F	H	S	O
V	I	O	L	I	N	I	S	T	A
V	I	E	T	N	A	M	I	T	A

VUELO
VIOLETA
VIETNAMITA
VIOLINISTA
VIUDA
VIENÉS
VUELCO
VUESTRO
VIENTOS
VIANDA

5. Investiga sobre Viena y escribe un párrafo de cinco líneas.

_____

_____

_____

_____

_____

Todo lo creado; los mares, los vientos, las olas, el fuego, está sometido al poder de Dios.

LISTA 18

Palabras con "v"

Se escriben con "v" las palabras que inician con "n", "ll", y después de las consonantes "b", "d", "n".

1. nieve
2. navaja
3. lluvia
4. navegante
5. llevar
6. adventista
7. subvención
8. nevera
9. subversión
10. nervio
11. advertencia
12. envanecer
13. invento
14. envasar
15. nevada
16. advenedizo
17. llave
18. nivel
19. invoqué
20. enviudar

"En mi angustia invoqué al Señor, llamé a mi Dios y él me escuchó desde su templo; ¡mi clamor llegó a sus oídos! . 2 Samuel 22:7. NVI.

1. Lee y escribe las palabras de la lista 18.

2. Busca en el diccionario el significado de las palabras siguientes.

a) invocar:_____

b) advertencia:_____

c) envanecer:_____

d) advenedizo:_____

e) nervio:_____

f) invento:_____

g) envasar:_____

3. Escribe oraciones con las palabras **nervio, envasar, advertencia, envanecer, advenedizo.**

a)_____

b)_____

c)_____

d)_____

e)_____

4. Escribe de la lista 18, siete palabras que empiecen con **n**.

a)_____

b)_____

c)_____

d)_____

e)_____

f)_____

g)_____

5. Establece la diferencia que existe entre **subvención** y **subversión**. Luego escribe una oración con cada uno.

_____

_____

_____

_____

_____

Dios oye nuestras oraciones cuando clamamos a él de todo corazón.

Palabras con "g"

Se escriben con "g" inicial los sonidos "geo", "gen", "gene", "gem".

1. genealogía
2. geología
3. generador
4. geógrafo
5. generación
6. generosamente
7. gemelos
8. gemir
9. gema
10. generoso
11. geografía
12. geómetra
13. gemido
14. genuino
15. geometría
16. gente
17. geográfico
18. Génesis
19. gentil
20. genético

"Señor, tú nos has sido refugio de generación en generación." Salmo 90:1.

1. Lee y escribe las palabras de la lista 19.

2. Busca en el diccionario el significado de las palabras siguientes.

a) genealogía:_____

b) geología:_____

c) generador:_____

d) geometría:_____

e) geómetra:_____

f) geografía:_____

g) genuino:_____

3. Escribe oraciones con las palabras **genuino, gemir generador, geometría, genalogía.**

a)_____

b)_____

c)_____

d)_____

e)_____

4. Escribe de la lista 19 dos palabras que empiecen con **geo, gene, gem, gen.**

geo

_____, _____

gene

_____, _____

gem

_____, _____

gen

_____, _____

5. Investiga. ¿Qué significa generación?. ¿Cuál es el significado del Salmo 90:1?.

_____

_____

_____

_____

_____

A pesar de nuestras infidelidades, Dios siempre es fiel.

Palabras con "g"

Se escriben con "g", los sonidos "gen", "gión", "gía", "gia", "gio", "gencia".

1. gente
2. agente
3. antropología
4. agencia
5. teología
6. religión
7. agenda
8. región
9. vigencia
10. alergia
11. plagio
12. inteligencia
13. margen
14. estrategia
15. arpegio
16. refugio
17. indigencia
18. regio
19. pedagogía
20. meteorología

"El eterno Dios es tu refugio, y acá abajo los brazos eternos." Deuteronomio 33:27. (a).

1. Lee y escribe las palabras de la lista 20.

2. Busca en el diccionario el significado de las palabras siguientes.

a) antropología:

b) teología:

c) vigencia:

d) plagio:

e) margen:

f) arpegio:

g) indigencia:

3. Escribe oraciones con las palabras **plagio, margen, vigencia, arpegio, región**.

a)

b)

c)

d)

e)

4. Escribe de la lista 20 dos palabras que tengan gen, gencia, y terminen en gía, gia y gión.

gen

_____, _____

gencia

_____, _____

gia

_____, _____

gía

_____, _____

gión

_____, _____

5. Selecciona un párrafo de un periódico o revista que tenga al menos 5 palabras con **g**, recórtalo y pégalo en el manual, luego resalta las palabras con **g** usando un lápiz de color verde.

Dios no duerme, en su refugio estamos seguros sus brazos nos sostienen.

LISTA 21

Palabras con "j"

Se escriben con "j" las palabras que tienen sonidos "aje", "eje", "ije", "oje", uje",salvo algunas excepciones.

1. coraje
2. lejos
3. ajedrez
4. dije
5. conduje
6. ejércitos
7. equipaje
8. ajeno
9. viajera
10. ajenjo
11. plumaje
12. hereje
13. tejer
14. mujer
15. regocíjense
16. tijera
17. salvaje
18. relojero
19. sujeto
20. ejercer

"Y el uno al otro daba voces, diciendo: Santo, santo, santo, Jehová de los ejércitos; toda la tierra está de su gloria." Isaías 6:3.

ACTIVIDADES

1. Lee y escribe las palabras de la lista 21.

2. Descubre las palabras y enciérralas en un círculo.

A	P	L	U	M	A	J	E	S	R
J	R	R	O	U	A	N	A	U	E
E	Z	T	I	J	E	R	A	J	L
D	U	S	D	I	J	E	L	E	O
R	F	I	J	R	B	K	S	T	J
E	K	A	U	G	E	R	W	O	E
Z	F	G	R	O	M	A	C	A	R
A	J	E	N	O	O	F	H	S	O
V	I	A	J	E	R	A	I	T	O
J	E	Q	U	I	P	A	J	E	R

AJEDREZ
EQUIPAJE
AJENO
PLUMAJE
MUJER
TIJERA
RELOJERO
SUJETO
DIJE
VIAJERA

3. Escribe oraciones con las palabras **ajedrez, ajeno, equipaje, plumaje, ejercer.**

a)_____

b)_____

c)_____

d)_____

e)_____

4. Escribe de la lista 21 dos palabras que empiecen y terminen en **aje** y dos que tengan **ije** y **uje**.

aje

_____ , _____

aje

_____ . _____

ije

_____ , _____

uje

_____ , _____

5. Investiga y escribe un párrafo sobre el significado de **ajenjo**. escribe la cita bíblica donde aparece.

_____

_____

_____

_____

_____

Dios es santo, no existe nada impuro en él.

64

Palabras con "j"

Se escriben con "j" todos los sonidos "ja", "jo", "ju", en cualquier lugar de la palabra, y algunos sonidos "je", "ji".

1. jabalí
2. jeringa
3. jinete
4. jabalina
5. jipijapa
6. jornal
7. jabón
8. jira
9. jorobado
10. jactancia
11. jubilado
12. jefatura
13. jurisdicción
14. justicia
15. jerarca
16. jitomate
17. jocoso
18. jerga
19. jornada
20. júbilo

"Porque Jehová es justo, y ama la justicia; el hombre recto mirará su rostro." Salmo 11:7.

1. Lee y escribe las palabras de la lista 22.

2. Busca en el diccionario el significado de las palabras siguientes.

a) jabalina:_____

b) jipijapa:_____

c) jabato:_____

d) jerga:_____

e) jitomate:_____

f) jerarca:_____

g) jurisdicción:_____

3. Escribe oraciones con las palabras **jabalí, júbilo, jinete, jefatura, jocoso.**

a)_____

b)_____

c)_____

d)_____

e)_____

4. Escribe de la lista 22 dos palabras que comiencen con **ja, je, ji, jo, ju.**

ja

_____, _____

je

_____, _____

ji

_____, _____

jo

_____, _____

ju

_____, _____

5. Escribe un párrafo de cinco líneas sobre el cuál es el significado de **jornal** y **jornalero.**

_____

_____

_____

_____

_____

Dios siempre hace lo correcto,
lo que debe ser. Dios es justo.

Palabras con "r"

Se escribe "r" después de consonante y antes de vocal, su sonido es fuerte.

1. honra
2. alrededor
3. enredadera
4. enredo
5. Israel
6. Conrado
7. sonrisa
8. enrollar
9. Enrique
10. enrejada
11. enrojecer
12. enraizar
13. enriquecer
14. enramada
15. honrado
16. Omri
17. Zimri
18. enroscar
19. Enriqueta
20. sonrojar

"El único que tiene inmortalidad, que habita en la luz inaccesible; a quien ninguno de los hombres ha visto ni puede ver, al cual sea la honra y el imperio sempiterno. Amén." 1 Timoteo 6:16.

ACTIVIDADES

1. Lee y escribe las palabras de la lista 23.

2. Escribe de la lista 23 cinco nombres propios, también escribe cinco palabras que empiecen con **en**.

Nombres propios.

_____

_____

_____

_____

_____

Palabras con **en**.

_____

_____

_____

_____

_____

3. Escribe oraciones con las palabras **sonrisa, enredo, enriquecer, honrado, enramada.**

a)_____

b)_____

c)_____

d)_____

e)_____

69

4. Al lado de las palabras de la izquierda coloca la letra correcta que corresponda a la palabra de la derecha.

_____ enrollar   a) rosca

_____ enriquecer   b) rollo

_____ enrojecer   c) rojo

_____ enroscar   d) reja

_____ enrejada   e) rico

5. Escribe un párrafo de cinco líneas sobre el gobierno actual de Israel.

_____

_____

_____

_____

_____

Con nuestros ojos naturales no podemos ver a Dios, ya que él es espíritu.

Palabras con "r"

Se escribe "r" en medio de palabras y al final de todos los verbos en infinitivo.

1. intérprete
2. árbitro
3. perfil
4. árbol
5. cobrar
6. armadura
7. condenar
8. barbacoa
9. conducir
10. venir
11. frenar
12. arcada
13. encender
14. barbecho
15. participar
16. salir
17. bárbaro
18. poseer
19. guardad
20. reprobar

"Así dijo Jehová: Guardad derecho, y haced justicia; porque cercana está mi salvación para venir, y mi justicia para manifestarse." Isaías 56:1.

1. Lee y escribe las palabras de la lista 24.

2. Busca en el diccionario el significado de las palabras siguientes.

a) árbitro:_____

b) perfil:_____

c) barbacoa:_____

d) barbecho:_____

e) bárbaro:_____

f) reprobar:_____

g) intérprete:_____

3. Escribe oraciones con las palabras **árbitro, perfil, barbacoa, barbecho, bárbaro.**

a)_____

b)_____

c)_____

d)_____

e)_____

4. Aparea las palabras de la izquierda con el sinónimo de la derecha.

árbol	censurar
poseer	cooperar
conducir	dirigir
intérprete	traductor
encender	inflamar
participar	tener
reprobar	planta

5. Ordena las sílabas y escribe las palabras correctas.

a) cir-con-du: _____

b) ti-par-ci-par: _____

c) ma-ra-ar-du: _____

d) der-en-cen: _____

e) pre-in-te-tér: _____

f) co-ba-a-bar: _____

g) bar-re-pro: _____

Dios amó al mundo y quería salvarles a pesar a no merecerlo. Dios manifestó su salvación y justicia a través de Jesucristo.

Regla de la "y"

La "y" suena:
a) como vocal.
b) como consonante cuando precede a la vocal.

1. yeso
2. ayer
3. hay
4. yacimiento
5. yacú
6. yaciente
7. yautía
8. yelmo
9. yerro
10. Yeti
11. rey
12. ley
13. soy
14. yago
15. yunque
16. cayado
17. yate
18. yegua
19. yugoslavo
20. ayuno

"Cantad a Dios, cantad; cantad a nuestro rey, cantad; Porque Dios es el Rey de toda la tierra; Cantad a Dios con inteligencia." Salmo 47:6-7.

1. Lee y escribe las palabras de la lista 25.

2. Busca en el diccionario el significado de las palabras siguientes.

a) yaciente:_____

b) yerro:_____

c) yeti:_____

d) cayado:_____

e) yugoslavo:_____

f) yacimiento:_____

g) yelmo:_____

3. Escribe oraciones con las palabras **yunque, yelmo, yacimiento, cayado, yugoslavo.**

a)_____

b)_____

c)_____

d)_____

e)_____

4. Separa en sílabas las siguientes palabras.

a) yacimiento: _____

b) yunque: _____

c) ayuno: _____

d) yeti: _____

e) yugoslavo: _____

f) yaciento: _____

5. Investiga sobre la **yacú poi** (pava chica) y escribe un párrafo de cinco líneas sobre este animal.

_____

_____

_____

_____

_____

¡Alabad a Dios!
Cantadle con entendimiento.

Palabras con "k"

Algunas palabras se escriben con "k", léelas y apréndelas.

1. kilovatio
2. Katherine
3. kiwi
4. kilogramo
5. kayak
6. kepis
7. kermés
8. kilocalorías
9. kiosko
10. karate
11. kilómetro
12. Kabul
13. kudú
14. Kansas
15. kilovatio
16. kimono
17. Kazajastán
18. kilolitro
19. Keila
20. Katia

"Entonces David volvió a consultar a Jehová. Y Jehová le respondió y dijo: Levántate, desciende a Keila, pues yo entregaré en tus manos a los filisteos.
1 Samuel 23:4.

1. Lee y escribe las palabras de la lista 26.

2. Busca en el diccionario el significado de las palabras siguientes.

a) kermés:_____

b) koala:_____

c) kepis:_____

d) kayak:_____

e) kiosko:_____

f) kiwi:_____

g) kudú:_____

3. Escribe oraciones con las palabras **kermés, kiwi, kepis, kayak, koala.**

a)_____

b)_____

c)_____

d)_____

e)_____

4. El **kudú** es un tipo de antílope, con la ayuda de la enciclopedia, contesta las preguntas.

a) ¿De dónde son estos antílopes?

_____

b) ¿Qué característica tienen?

_____

c) ¿Cuál es su hábitat?

_____

d) ¿Cuántas especies hay?

_____

5. Investiga. **Kabul** es la capital de Afganistan, escribe un párrafo de cinco líneas sobre esta ciudad.

_____

_____

_____

_____

_____

Dios tiene en sus manos nuestro pasado, presente y futuro,

LISTA 27

Palabras con "x"

Se escriben con "x" los sonidos "ex", "extra". Lee la lista de palabras con estos sonidos y apréndelas.

1. exagerar
2. exacto
3. excavar
4. extradición
5. exceder
6. extranjero
7. exaltar
8. extraño
9. excelente
10. extraoficial
11. excéntrico
12. extravió
13. excepto
14. extravagancia
15. excluir
16. excusa
17. excursionista
18. excelso
19. extractor
20. examinar

"Tuyo, oh Jehová, es el reino, y tú eres excelso sobre todos." 1 Crónicas 29:11. (b).

1. Lee y escribe las palabras de la lista 27.

2. Busca en el diccionario el significado de las palabras siguientes.

a) extradición:_____

b) extraoficial:_____

c) exéntrico:_____

d) extractor:_____

e) excelso:_____

f) extravagancia:_____

g) excepto:_____

3. Escribe oraciones con las palabras **extravagancia, extradición, exéntrico, excelso, extractor.**

a)_____

b)_____

c)_____

d)_____

e)_____

4. Escribe de la lista 27 cinco palabras con **ex** y cinco con **extra.**

extra   **ex**

_____   _____

_____   _____

_____   _____

_____   _____

_____   _____

5. Investiga. Escribe un párrafo de cinco líneas sobre las actividades de un **excursionista.**

_____

_____

_____

_____

_____

Solo Dios merece toda la gloria
y la exaltación.

82

La diéresis

La "u" es muda cuando la usamos en las sílabas "gue", "gui". Para que la "u" tenga sonido en la "güe", "güi", le ponemos dos puntitos encima, lo que se llama diéresis.

1. agüita
2. vergüenza
3. bilingüe
4. averigüe
5. güira
6. nicaragüense
7. desagüe
8. agüero
9. ambigüedad
10. paragüero
11. Higüey
12. argüir
13. exangüe
14. magüeto
15. Camagüey
16. lingüística
17. cigüeña
18. antigüedad
19. cigüeñal
20. exigüidad

"No temáis, ni os amedrentéis; ¿No te lo hice oír desde la antigüedad, y te lo dije? Luego vosotros sois mis testigos. No hay Dios sino yo. No hay Fuerte; no conozco ninguno." Isaías 44:8.

1. Lee y escribe las palabras de la lista 28.

2. Busca en el diccionario el significado de las palabras siguientes.

a) agüero:_____

b) ambigüedad:_____

c) argüir:_____

d) exangüe:_____

e) magüeto:_____

f) lingüística:_____

g) cigüeñal:_____

3. Escribe oraciones con las palabras **agüero, argüir, lingüística, ambigüedad, cigüeñal.**

a)_____

b)_____

c)_____

d)_____

e)_____

4. Aparea la palabra de la izquierda con su plural de la derecha.

cigüeñal	antigüedades
desagüe	güiras
nicaragüense	ambigüedades
bilingüe	desagües
ambigüedad	nicaragüenses
güira	bilingües
antigüedad	cigüeñales

5. Investiga. Escribe un párrafo de cinco líneas sobre las **cigüeñas**.

_____

_____

_____

_____

_____

Nosotros somos débiles, pero nuestro Dios es fuerte.

Palabras homófonas

Las palabras homófonas son las que tienen distinta escritura, pero igual o parecido sonido.

1. ceso
2. seso
3. siento
4. ciento
5. ciervos
6. siervos
7. hoz
8. os
9. meces
10. meses
11. bazo
12. vaso
13. cause
14. cauce
15. cede
16. sede
17. reciente
18. resiente
19. sumo
20. zumo

"Alabad, siervos de Jehová, alabad el nombre de Jehová. Sea el nombre de Jehová bendito desde ahora y para siempre." Salmo 113:1-2

ACTIVIDADES

1. Lee y escribe las palabras de la lista 29.

2. Completa las oraciones con las palabras que sean adecuadas.

a) Me _____ confundido sobre cual camino debo seguir **(ciento, siento)**.

b) José vio en el cine la película _____ un dálmatas. **(ciento, siento)**.

c) El _____ brama por las corrientes de las aguas **(ciervo, siervo)**.

d) El _____ ama a su Señor **(ciervo, siervo)**.

e) ¿Por qué no _____ al niño para que se duerma? **(meses, meces)**.

f) En sólo cinco _____ volveré a viajar a Francia **(meses, meces)**.

g) Ese joven está enfermo del _____ **(bazo, vaso)**.

h) Necesito un _____ de agua **(bazo, vaso)**.

i) No tomaré ese _____ porque sabe muy mal **(sumo, zumo)**.

j) Aarón era el _____ sacerdote del pueblo de Israel **(sumo, zumo)**.

3. Escribe una oración con las palabras **cause, cauce, reciente, resiente, sede, cede.**

a)_____

b)_____

c)_____

d)_____

e)_____

f)_____

4. Encierra en un círculo la palabra que corresponde en las siguientes oraciones.

a) Marcos tiene una (hoz, os) nueva para segar.

b) Vosotros (hoz, os) portásteis prudentemente en el retiro de jóvenes.

c) En el laboratorio analizaron los (cesos, sesos) del perro.

d) No (ceso, seso) de escuchar ese bello instrumental.

¡Cantemos al Señor cántico nuevo! .

88

Palabras homógrafas

Las palabras homógrafas son las que tienen igual escritura, igual sonido, pero distintos significados.

1. cuesta (terreno)
2. cuesta (verbo costar)
3. soldado (militar)
4. soldado (verbo soldar)
5. cura (sacerdote)
6. cura (verbo curar)
7. don (dignidad)
8. don (regalo)
9. estrella (astro)
10. estrella (verbo estrellar)
11. ganado (animales)
12. ganado (verbo ganar)
13. libro (de lectura)
14. libro (verbo librar)
15. llama (fuego)
16. llama (verbo llamar)
17. río (corriente de agua)
18. río (verbo reír)
19. nota (música)
20. nota (verbo notar)

"¡Gracias a Dios por su don inefable!"
2 Corintios 9:15.

1. Lee y escribe las palabras de la lista 30.

2. Al lado de las oraciones escribe a qué se refiere la palabra **(regalo, dignidad, militar, soldar, estrellar, astro celeste, llamar, flama, animales, ganancia).**

a) _____ El soldado está en la guerra.

b) _____ La fe es un don de Dios.

c) _____ La estrella brilló sobre el pesebre.

d) _____ He ganado muchos premios en competencias escolares.

e) _____ Ese hombre ha soldado la reja.

f) _____ Llama a tu primo a comer.

g) _____ Don José preparó las tareas del colegio para este año.

h) _____ La llama de la estufa está muy alta.

i) _____ El ganado está pastando en la pradera.

El don inefable de Dios es Jesucristo; porque nos amó de tal manera que entregó a su Hijo para que tú y yo seamos salvos, y un día vivamos para siempre con Él.

Poesías escogidas

ÍNDICE

La mano derecha y la izquierda

Aunque la gente se aturda
diré sin citar la fecha;
lo que la mano derecha
le dijo un día a la zurda.

Y por si alguno creyó
que no hay derecha con labia
diré también lo que la sabia
la zurda le contestó.

Es, pues, el caso que un día
viéndose la mano diestra
en todo lista y maestra
que a la izquierda reprendía.

- Veo, exclamó con ahínco
que nunca vales dos bledos
pues teniendo cinco dedos
siempre eres torpe en los cinco.

Nunca puedo conseguir
verte coser ni bordar
¡Tú una aguja manejar!
lo mismito que escribir.

Eres lerda, y no me gruñas,
pues no puedes, aunque quieras,
ni aún manejar las tijeras
para cortarme las uñas.

Yo en tanto las corto a ti,
y tú en ello te complaces,
pues todo lo que no haces
cargas siempre sobre mi.

¿Dirásme a solicitud
la razón en que consista
el que siendo yo tan lista
seas torpe siempre tú?.

-Mi aptitud, dijo la izquierda,
siempre a la tuya ha igualado;
pero a ti te han educado,
y a mi me han criado lerda.

¿De qué me sirve tener
aptitud para mi oficio,
si no tengo el ejercicio
que la hace desenvolver?.

La izquierda tuvo razón
porque, lectores, no es cuento.
¿De qué os servirá el talento,
si os falta la educación?.

Miguel Agustín Príncipe.

Arriba el pabellón

ʼercien armas!... ¡como quiera!
el acostumbrado estruendo
ello es que el sol va saliendo
hay que enhestar la bandera.

Enfilando pelotón
de la guardia somnolienta
al pie del asta presenta
arbitraria formación.

Y hechas a las dos auroras
en que cielo y Patria están
pasan de largo a su afán
las gentes madrugadoras.

Ni ven el sol de la raza
cuyos colores lozanos
tremulan entre las manos
del ayudante de la plaza.

Ni del lienzo nacional
fijo ya a delgada driza
recuerda que simboliza
toda una historia inmortal.

Pues cada matiz encierra
lo que hicieron los mayores
por el bien y los honores
y el rescate de la tierra.

El rojo de su gloriosa
decisión dice al oído,
"Soy - dice - el laurel teñido
con su sangre generosa."

Es el azul de su anhelo
progresitas clara enseña
color con que el alma sueña
cuando sueña con el cielo.

El blanco póstumo amor
a sus entrañas se aferra
dar por corona a la guerra
el olivo al redentor.

Presenten armas!... Ya ondea
el Pabellón y se encumbra
bajo el sol que deslumbra
y el clarín que clamorea;

ladra un can del estridente
sonido sobresaltado
adrede en aromas el prado
rompe en trinos el ambiente.

¡Que linda en el tope estás
Dominicana bandera!
¡Quién te viera, quién te viera
más arriba mucho más!

Gastón Fernando Deligne.

Caminante, son tus huellas

Caminante, son tus huellas
camino y nada más;
Caminante, no hay camino,
se hace camino al andar.

Al andar se hace el camino,
y al volver la vista atrás
se ve la senda que nunca
se ha de volver a pisar.

Caminante, no hay camino
sino estelas en la mar.

Antonio Machado.

No me mueve, Señor

No me mueve, mi Dios, para quererte
el cielo que me tienes prometido,
ni me mueve el infierno tan temido
para dejar por eso de ofenderte.

Tú me mueves, Señor,
muéveme el verte,
clavado en una cruz y escarnecido,
muéveme ver tu cuerpo tan herido,
muévenme tus afrentas y tu muerte.

Muéveme, en fin, tu amor,
y en tal manera,
que aunque no hubiera cielo,
yo te amara,
y aunque no hubiera infierno,
te temiera.

No me tienes que dar porque te quiera,
pues aunque lo que espero no esperara,
lo mismo que te quiero te quisiera.

**Teresa de Ahumada
(Santa Teresa de Jesús).**

El negro tras de la oreja

Como hoy la preocupación
a más de una gente abruma
emplearé mi débil pluma
para darle una lección;
pues esto en nuestra nación
ni buen resultado deja
eso era en la España vieja
según desde chico escucho,
pero hoy abunda mucho
"el negro tras de la oreja''.

Todo aquel que es blanco fino
jamás se fija en blancura,
y el que no es de sangre pura
por ser blanco pierde el tino.
Si hay baile en algún casino
alguno siempre se queja,
Pues a la blanca aconseja
que no bailen con negrillo;
teniendo aunque es amarillo,
"el negro tras de la oreja".

Falta así a la obligación
negarse una señorita
a bailar cuando la invita,
sea quien sea en el salón.
El que tiene invitación
ninguna sospecha deja
de que sea mala pareja,
pues allí lo han invitado,
aunque tenga remachado
"el negro tras de la oreja".

El blanco que tuvo abuela
tan prieta como el carbón,
Nunca de ella hace mención
aunque le peguen candela.
Y a la tía doña habichuela,
como que era blanca vieja
De mentarla nunca deja;
para dar a comprender,
Que nunca puede tener
"El negro tras de la oreja".

De la parienta Fulana
el pelo siempre se mienta;
pero nunca la pimienta
de la tía seña Sutana.
Por ser muy blanco se afana
y del negro hasta se aleja,
nublando siempre una ceja
cuando aquel a hablarle viene,
porque se cree que no tiene
"el negro tras de la oreja".

El que se crea preocupado
que se largue allá a La Habana
que en tierra dominicana
no le da buen resultado.
Y el bizcochuelo lustrado
aunque sea como miel de abeja,
no dé motivo de queja
que todo esto es tontería,
pues está a la moda hoy día
"el negro tras de la oreja".

Juan Antonio Alix.

Tú

Señor, Señor,
Tú antes, tú después,
Tú en la inmensa hondura del vacío
y en la hondura interior.

Tú en la aurora que canta
y en la noche que piensa;
Tú en la flor de los cardos
y en los cardos sin flor.

Tú en el cénit a un tiempo y en el nadir;
Tú en todas las transfiguraciones
y en todo el padecer;
Tú en la capilla fúnebre, Tú en la noche de bodas;
¡Tú en el beso primero, Tú en el beso postrero!

Tú en los ojos azules y en los ojos oscuros;
Tú en la frivolidad quinceañera y también
en las grandes ternezas de los años maduros;
Tú en la más negra sima, Tú en el más alto edén.

Si la ciencia engreida no te ve, yo te veo;
si sus labios te niegan, yo te proclamaré.
Por cada hombre que duda, mi alma grita: "Yo creo"
¡y con cada fe muerta, se agiganta mi fe!

Amado Nervo.

Dios de amor

Lo que queráis, señor;
y sea lo que queráis.

Si queréis que entre las rosas
ría hacia los matinales
resplandores de la vida,
que sea lo que queráis.

Si queréis que entre los cardos
sangre hacia las insondables
sombras de la noche eterna,
que sea lo que queráis.

Gracias si queréis que mire,
gracias si queréis cegarme;
gracias por todo y por nada,
y sea lo que queráis.

Lo que queráis, señor;
y sea lo que queráis.

Juan Ramón Jiménez.

Nombre: _____

Biografía de Miguel Agustín Príncipe

Nació en _____
_____
_____

El trabajó como _____
_____

Otras profesiones que tenía era _____
_____

Sus principales obras fueron _____
_____
_____
_____

Miguel Agustín Príncipe murió en _____
_____
_____
_____

Aplicación:
¿Qué puedes aprender de Miguel Agustín Príncipe?
_____
_____
_____
_____
_____
_____

Nombre: _____

Biografía de Gastón Fernando Deligne

Nació en _____
_____

Sus padres fueron _____
_____

Después de la muerte de su padre, el filántropo, Padre
Billini lo _____
_____

Trabajó como _____
_____

Gastón Fernando, aprendió seis idiomas que fueron _____
_____

Tradujo al español textos de los franceses _____
_____

y del norteamericano
Colaboró en los periódicos _____

Sus principales poesías fueron _____

Gastón Fernando Deligne murió _____
_____

Aplicación:
¿Tiene Dios nuestros días contados?, ¿Qué aprendes
de este poeta?. _____
_____
_____
_____
_____

Nombre: _____

Biografía de Antonio Machado

Nació en _____

Su padre, Antonio Machado Álvarez, publicó diferentes estudios sobre _____

En 1883, su abuelo fue nombrado _____

y toda la familia se traslada a _____
estando en esa ciudad, Antonio Machado estudia en

En 1889, Machado viaja a _____
donde vive su hermano y trabaja de _____

En París conoció a _____
y en Madrid entabla amistad con _____
_____

En 1907 obtiene el puesto de _____
Dos años después se casa con _____
En 1927 fue elegido _____
Como prosista sus principales obras fueron _____
_____
_____
_____

Muere en _____
_____

Aplicación:
Dos personas importantes para Antonio Machado murieron de tuberculósis, su padre y su esposa, ¿qué nos dice la Biblia acerca de la muerte de los hijos de Dios?

_____
_____
_____
_____
_____
_____
_____

Nombre: _____

Biografía de Teresa de Ahumada
(Santa Teresa de Jesús)

Nació en _____
_____
_____

A los 16 años entró en _____
_____

El tres de noviembre de 1534, _____
_____

En 1537, en casa de su padre, sufrió _____
_____

Teresa de Ahumada funda religiones de _____
_____

Algunas de sus poesías fueron _____
_____

Después de realizar su ora de reforma, muere el ___
_____

Aplicación:
¿Qué enseñanza tú puedes recibir de Santa Teresa de
Jesús? _____
_____
_____
_____
_____
_____

Nombre: _____

Biografía de Juan Antonio Alix

Nació en _____

Sus padres fueron _____

Es un representante del pueblo del que extrae_____
_____

Con sus décimas muestra la cultura dominicana en los
tiempos de la _____
_____

Empezó a escribir desde _____
De adulto fue un _____
Le llamaban _____
Marcó su vida negativamente el hecho de que _____
_____

Luchó a favor del país en el ejército _____

Publicaba sus composiciones en_____

Algunas de sus obras importantes fueron _____
_____

Muere en _____

Aplicación:
¿Qué aprendes de la vida de este hombre?_____
_____
_____
_____
_____
_____

Biografía de Amado Nervo

Nació en _____

Su apellido, antes de ser cambiado por su padre, era _____

Estudió en _____
Sus estudios de preparatoria en _____

Escribió sus primeros artículos en _____

Después de esto, escribió en diferentes instituciones como _____

En 1895 su nombre comenzó a difundirse con _____

Visitó y trabajó en diferentes países como _____

Algunas de sus principales obras poéticas fueron _____
_____

Amado Nervo murió en _____

Aplicación:
Amado Nervo escribió: "Mi vida ha sido muy poco interesante: como los pueblos felices y las mujeres honradas, yo no tengo historia". ¿Qué entiendes de las palabras de Amado Nervo? _____
_____
_____
_____
_____
_____

Biografía de Juan Ramón Jiménez

Nació en _____
_____

Estudió en _____

En 1900 publicó sus dos primeros libros de textos _____
_____

Estando en Estados Unidos se casó con _____

Sus principales selecciones poéticas fueron_____
_____

Debe parte de su gran fama universal a su libro escrito
en prosas poéticas llamado _____
_____

Juan Ramón Jiménez murió en _____
_____

Aplicación:
Si fueras un poeta muy reconocido, ¿qué crees que
deberías hacer para honrar a Dios?. _____
_____
_____
_____
_____
_____
_____
_____

Made in the USA
Columbia, SC
20 August 2022

65710371R00063